Heinrich Ewald

Lob des König u. des Volkes an die Preussen

Heinrich Ewald

Lob des König u. des Volkes an die Preussen

ISBN/EAN: 9783743633421

Hergestellt in Europa, USA, Kanada, Australien, Japan

Cover: Foto ©ninafisch / pixelio.de

Weitere Bücher finden Sie auf **www.hansebooks.com**

Lob
des Königs und des Volkes.

An die Preußen.

Von

H. Ewald.

Zweite verbesserte und vermehrte Auflage.

Stuttgart.
Carl Grüninger.
1869.

K. Hofbuchdruckerei zu Guttenberg (Carl Grüninger) in Stuttgart.

1.

Mitte 1868.

O wie tief ist heute Deutschland gefallen, wie trauern die Besten in allen deutschen Ländern um diesen Fall, wie viele fragen auch nach den Ursachen dieses tiefen Falles und suchen einen sichern Grund um von diesem aus zu seiner bessern Auferstehung mitzuwirken! Wer nun die einzelnen Ursachen dieses tiefen Falles sucht, der findet leicht eine lange Kette von solchen welche das Unglück Deutschlands bis zum 15. Juni 1866 herbeiführten, und eine ebenso lange von solchen die es von da an bis jezt noch ärger sich steigern lassen. Und doch ist es zulezt nur e i n e Ursache, in welcher alle die einzelnen liegen: die immer tiefere Zerrüttung und Zerstörung des k ö n i g l i c h e n S i n n e s.

Was ist der königliche Sinn, wie er nicht blos bei den Herrschenden, sondern auch bei allen Gliedern eines Volkes sein soll? Ein König empfängt erst durch das Bestehen der Menschheit einen Sinn, denke man dabei an die ganze Menschheit oder an ein einzelnes Volk. Aber auch mit der Menschheit ist er nicht so gegeben, wie die Königin mit einer Brut von Bienen: erst in der Entwickelung der Menschheit findet er seine Stelle, ebenso wie jener andere Herrscher, mit welchem man ihn wenigstens in der Geschichte der jungen Menschheit vergleichen kann, der Prophet. Denn wären in der Geschichte je alle Menschen nur vereinzelt oder jeder nur auf sein Haus beschränkt und ohne solche Bestrebungen und Bedürfnisse zu denken welche weit auch über die edelsten Kräfte des Einzelnen hinausreichen, so wäre weder ein Prophet noch ein König je entstanden. Oder könnte ein einzelner je alle die andern Menschen seines Volkes wie zu Einem Kopfe und sich allein zum andern machen, so könnte er vielleicht sein ganzes Volk, wie jener Cäsar wünschte, mit einem Schlage vernichten,*) er hätte aber noch früher das Königthum selbst getödtet.

Aber die Menschheit ist noch heute stets wie in allen Zeiten geschichtlichen Andenkens ein in kleineren oder größeren Ansammlungen durch tausend der stärksten Bande zusammengehaltenes und geordnetes, und dennoch durch tausend ganz andre Antriebe wieder aus einander strebendes Ganzes. Ein Ganzes worin unabsehbar viele Güter menschlichen Werthes theils durch den dunkeln Trieb des Fleißes, theils durch die Arbeit der höhern Erkenntniß und Kunst aufgehäuft sind und sich leicht täglich mehren, und doch auch wieder durch träge Unachtsamkeit und die Verblendung der menschlichen Leidenschaften zerstreut zerrüttet und zerstört werden. Ein ungeheurer Kreis in welchem seit vielen Jahrtausenden tausendfach laut gelehrt wird daß das Heil sowohl des einzelnen Menschen als aller menschlichen Gesellschaft und der Bestand dieser Güter nur durch Religion und Recht gesichert sei und nur durch die Treue in diesen Mächten wachsen könne, und dennoch dagegen soviel gefehlt und in Folge davon stets neues menschliches Elend angestiftet wird. Ein Himmel und Erde verbindendes Haus in welchem die Wunder des Zusammentreffens der menschlichen Freiheit mit der göttlichen Gnade und der gebrechlichen Kraft mit dem unsterblichen Leben bei dem Einzelnen wie bei dem Ganzen sich immer erneuen und immer

---

*) Suet. Calig. c. 30.

fortschreiten, damit aber ein immer höheres und vollkommneres Heil sprossen sollte, und in welchem dennoch dieser Lauf durch so unendlich viele Sünde und Schuld immer wieder so schwer unterbrochen wird. Welche Rettung ist aus diesem Gewirre? O Mensch, hast du sonst keine Rettung daraus, auch der königliche Sinn kann dir eine solche bringen. Ist nicht dem Menschen ein Sinn gegeben über alles Zerstreute sich zu einem Ganzen zu erheben und von diesem aus dann desto freier und richtiger alles Einzelne zu übersehen, auch vermittelst dieser Erhebung aus allem Verderben ein Heil zu suchen und dieses, wenn es gefunden ist, von derselben Höhe herab nicht willkürlich nur für einzelne Glieder dieses Ganzen, sondern für alle gleichmäßig walten zu lassen? Der menschliche Sinn geht in diesem Vermögen und in diesem Bestreben, je höher und je reiner er sich erhebt, desto näher nur in den göttlichen Sinn selbst über: aber nach der unendlichen Spaltbarkeit der Bestrebung des menschlichen Geistes leidet diese Thätigkeit nach ihren einzelnen Gegenständen eine höchst verschiedene Anwendung. Richtet jener Sinn sich auf die menschliche Gesellschaft und das Bedürfniß diese vor Auflösung und Fäulniß zu retten, so ist er das was wir mit Recht den königlichen Sinn nennen, da kein ächter König ohne ihn auch nur zu denken ist. Auch hier ist ein Stück, ja ein sehr vorzügliches Stück der Schöpfung des Menschen nach Gottes Bilde; und je feiner und lebendiger sich im Walten dieses Sinnes bei dem Menschen der Abscheu gegen alles blos Zerstreute und Verwirrte, gegen alles Unrichtige und Ungesunde ausbildet, desto reiner und stärker wird der ihn über dieses erhebende göttliche Sinn selbst in ihm.

Der königliche Sinn muß sich zu den Höhen der Menschheit emporschwingen, aber er thut dies vor allem nur, um auf diesen Höhen desto freier und einziger alle die längst offenbaren göttlichen Wahrheiten und Geseze in den eignen Geist zu dessen Stählung und Zügelung aufzunehmen, und so von diesen Höhen herab die Erhabenheit und das göttliche Recht der ganzen Menschheit, des einzelnen Volkes in ihr, und des einzelnsten Menschen als einer Werkstätte des göttlichen Geistes desto klarer zu erkennen und desto reiner zu achten. Der königliche Sinn steht so von vorne an über den bisherigen Irrthümern und Fehlern der menschlichen Gesellschaft und des eignen Volkes, und muß sich in jedem neuen Augenblicke und bei jeder Veranlassung, wo er dazu getrieben wird, immer auf's Neue über ihnen zu stehen bestreben: aber nicht um sich stolz vor ihnen zurückzuziehen und sie ihren eignen Fortschritten zu immer größerem Verderben zu überlassen, sondern nur um ihr wahres Wesen zu erforschen, die rechten Mittel, sie zu bemeistern, zu finden, ihre Wuth zu brechen und alles Ungerechte zu seinem ewigen Rechte und alles Unvollkommene zu seiner göttlichen Vollkommenheit soweit hinzuführen, als dieses menschliche Herrschaft vermag. Er muß so hoch stehen, daß er von dem Bösen nicht einmal ernstlich berührt werden kann; und ist stets unermüdlich, weil er weiß, wozu er arbeite und wozu er strebe. Er weiß daß das Herrschen nicht zerschlagen und Zerstören ist, sondern in die Gründe der Dinge eingehen, um sie nicht nach Eigensinn und Laune oder zum eigenen Vortheil und zum Schaden oder gar zur bitteren Betrübniß Anderer, sondern nach dem göttlichen Sinne zum Heile des Ganzen zu lenken: und wie sollte ein Mensch darin ermüden, waltet wirklich königlicher Sinn in ihm?

Etwas von diesem königlichen Sinne muß Jeder haben, der die Dinge auch nur durch sein Urtheil beherrschen will (und das Urtheil ist an sich schon ein Anfang des Beherrschens), und der es für unwürdig hält, sich von ihnen nur wie selbst ein geist- und herrschloser Mensch fortreißen und unterjochen zu lassen. Er ist das Salz für jedes Leben auch des Einzelnen, und ein Körnchen von ihm kann in keiner Lebenslage und keinem Berufe entbehren wer von etwas Anderem als von blinder Furcht und von bösen Begierden getrieben sein will. Ja, wir können mit Recht behaupten, er sei mit dem christlichen Geiste selbst im Wesentlichen einerlei. Nachdem der über diese Erde dahingeschritten welcher, ohne den Königsnamen für sich zu suchen oder als Raub für sich zu nehmen, der ewige König aller Könige geworden ist, und der, ohne gewaltsam herrschen zu wollen, ein Reich auf dieser Erde gründete dessen Herrschaft nie vergehen wird, ist er der festeste Hort des königlichen Sinnes für Alle geworden, welche mit ihrem eignen Geiste ihm nicht fremd bleiben wollen. Wenn man will, mag man sogar das Wort christlich durch königlich übersetzen: nicht unrichtig wäre das, obgleich es, um Verwechslungen zu vermeiden, nicht nöthig ist; aber desto nothwendiger soll Jeder wissen, was das Christliche bedeute. Das Christenthum muß zuvor ausgerottet werden, wenn seit Christus der königliche Sinn unter Menschen nirgendsmehr walten, noch seinem Wesen entsprechend immer wieder neu sich erheben soll.

Das Gegentheil aber des königlichen Sinnes ist die Selbstsucht, welche sich zwar ebenfalls Wunder wie hoch schwingen und auf's Rührigste und Geschickteste ihre Ziele verfolgen mag, aber Alles nur thut, um das Heilige verlezend, ja, wenn sie es könnte, vernichtend, zum Schaden der andern Menschen ihre sinnlichen Vortheile zu gewinnen. Es ist der freche Sinn, welcher das Erhabene, weil er es nicht erreichen kann, nur zu verlästern weiß und nur am Zerstören und Umwälzen seine Freude hat. Es ist aber auch der feige und niederträchtige Sinn, welcher aus bloßer Menschenfurcht und

Bequemlichkeitsliebe sich in der Versuchung auch nicht zu der geringsten Standhaftigkeit und Treue emporzuschwingen vermag, sich lieber der rohen Gewalt unterwirft, um nur für den Augenblick eine scheinbare Ruhe zu gewinnen, und dabei wohl sogar, um recht sicher zu gehen, sich vor den Augen der Welt in den Schafspelz der christlichen Demuth einhüllt. Aber mag alles Unkönigliche sich zu Zeiten, wo es ihm vortheilhaft scheint, in christliche Heuchelei einkleiden oder nicht, wir können sicher behaupten: der unchristliche Sinn ist immer auch der unkönigliche, und der unkönigliche auch der unchristliche.

Fragt man aber, da doch alle Menschheit immer in die einzelnen Völker und Reiche zerfällt und der Einzelne nur in einem Volke und Reiche seine nächste und lebendigste Wirksamkeit hat, in welchen Gliedern eines Volkes der königliche Sinn walten solle, so antworte ich frei: er soll in allen Gliedern des Volkes sein und das Ganze stets wie sein bestes Salz durchdringen. Ist er etwas für alles Bestehen eines Reiches so Nothwendiges und Heilsames und steht er (um Alles noch einmal kurz hier zusammen zu fassen) dem christlichen Sinne selbst gleich: so sollte sich von selbst verstehen daß er an den Herzen aller Glieder eines Reiches seinen Antheil haben muß und bei keinem einzigen gänzlich fehlen darf. Wohl muß er bei denen welche ihrem nächsten Berufe nach Könige oder sonst unter irgend einem Namen Leiter eines Volkes sind, stets wo möglich am stärksten und reinsten und ununterbrochensten walten: und je leichter der Besiz der höchsten Macht ihren zeitlichen Inhaber zum Mißbrauche dieser Macht verleitet, desto lauterer und desto lebendiger muß der königliche Sinn sich in ihm immer wieder neu anfachen, an jedem neuen Tage, in jeder neuen Sache, im kleinsten und im größten. Wo ist hier ein Genüge, wo ein Ueberdruß oder Stillstand? Und wenn schon König David im 101. Psalm aus der unwiderstehlichen Begeisterung eines geweiheten Augenblickes seines höhern Lebens heraus einen ewig leuchtenden Spiegel ächt königlichen Sinnes und Strebens allen seinen Nachfolgern hinterlassen hat, jener König der auch fehlend in der Aufrichtigkeit und mitten im Falle in der königlichen Würde seiner Wiedererhebung ein ewiges Vorbild sein kann, o was kann und was soll jezt ein christlicher König sein, der zu einem noch höheren Vorbilde hinauf sehen muß, ja zu dem denkbar höchsten und heiligsten! — Doch wie wenig vermag ein Herrscher auch mit dem königlichsten Sinne etwas Gutes für die Dauer zu schaffen, wenn er nicht Männer desselben Sinnes findet welche ihm als die nächsten Diener zur Seite stehen, und was vermag er auch mit diesen, wenn er kein Volk findet in welchem derselbe königliche Sinn herrscht.

Ja, dem königlichen Sinne von oben muß auch von unten frei derselbe königliche Sinn entgegenkommen: wohl kann dies nicht genug beachtet werden. Wir meinen das nicht blos in jenem allgemeineren Sinne, wonach der königliche Sinn einfach mit dem christlichen zusammen fällt, und wonach es ewig wahr bleibt daß ein einzelner der in seinem eignen Hause und Berufe mit königlichem Sinne waltet immer auch für die ächte königliche Herrschaft den offensten Sinn haben und der beste Unterthan sein wird. Wir meinen es auch in Bezug auf die Angelegenheiten des Reiches selbst. Der Unterthan in welchem königlicher Sinn lebendig ist, schauet gern zu der Stelle innerhalb seines Volkes hinauf wo er seinen eignen königlichen Sinn am mächtigsten und ununterbrochensten für sich wie für alle seine Mitbürger und das Wohl des ganzen Reiches wachsam und thätig weiß, wo er den Schuz aller Rechte im Umfange des Reiches, den Hort vorzüglich auch des Machtloseren und Unterdrückten gegen den Gewaltigen und Unterdrücker lebendig sieht, und zwar nicht das Göttliche selbst (denn der welcher sich nur von Gottes Gnaden so hoch gestellt fühlt und dies aller Welt sagt, ist nicht und will nicht Gott sein), aber doch das für irdische Gerechtigkeit nächste und machtvollste Abbild desselben erblickt. Und dieser ruhige Aufblick zu der höchsten irdischen Hoheit und Herrlichkeit eines Volkes empor sollte immer das nächste sein, sollte von oben nie roh gestört und getrübt werden, und kann schon einen unendlichen Segen in sich schließen. Aber wird dieser Aufblick gestört und wird von der Herrschaft etwas gethan oder gewagt was den Grundgesezen des besondern Reiches oder gar aller menschlichen Herrschaft und dem Christenthume selbst sicher widerstrebt, dann ist es derselbe königliche Sinn welcher auch den Unterthan zum Widerstreben dagegen antreibt und befugt; und ist sein Widerstand richtig und nothwendig, dann ist es seine Pflicht kämpfend und duldend, unermüdlich alles zur Wiederherstellung des Rechts zu thun was er mit gesetzlichen und christlichen Mitteln vermag. Und doch muß ihn auch dann, ja dann am meisten derselbe königliche Sinn leiten; und will er nicht das Verderben befördern, so muß sein ganzer Kampf diesen nicht schwächen und vernichten, sondern neu stärken und verklären.

So ist hier wie bei dem Begegnen aller guten Kräfte eine Wechselwirkung möglich, welche nie fehlen soll und durch welche allein alles Glück und alles Bestehen und heilsame Fortschreiten eines Reiches bedingt ist. Von oben muß der königliche Sinn ausgehen, aber von unten immer nach oben zurückströmen, nirgends fehlen oder einseitig stocken und erstarren. Vollendet aber wird er erst durch die Erblichkeit der königlichen Würde in demselben Hause, wie sie sich überall schon in alten wie in neuen Zeiten da ausbildete wo das Wirken des königlichen Sinnes in einem Volke seine schönsten Siege gewann. Sie ist an sich nichts als das Streben des durch das glückliche Walten dieses königlichen Sinnes geschaffenen Zustandes nun auch sich selbst im ruhigen Fortschritte zu erhalten. O welcher Gedanke und welche Erhebung liegt schon in dem bloßen Worte König, wie der menschliche Geist es gebildet hat und wie es menschliche Sprache nie wieder ausmerzen kann! wie dient es den Menschen nun ewig an eine Fähigkeit und Möglichkeit von der einen und an eine Pflicht von der andern Seite zu erinnern, ohne welche keine menschliche Gesellschaft bestehen, ja nicht einmal entstehen kann! Aber die Verklärung dieses Gedankens gibt erst das Erbkönigthum, wenn dieses unter glücklichen Verhältnissen sich vollzieht: in ihm soll nun die höchste und beständigste Thätigkeit des königlichen Sinnes selbst allen ihren zeitlichen Zufälligkeiten und Versuchungen überhoben sein, und das dessen Besitz die furchtbarsten Begehrlichkeiten und verzehrendsten Streitigkeiten entzünden kann, soll auch von der Möglichkeit dieser nicht berührt, in seiner eigensten Heiligkeit beruhen und so sich ewig erhalten, so weit das bei einem menschlichen Reiche möglich ist. Aber da geistige Fähigkeiten sich nicht vererben lassen und keine Bürgschaft dafür zu geben ist, daß die besondere Kraft des königlichen Sinnes, welche in dem ersten Gründer des Reiches lebte, sich durch das Recht der Erstgeburt vererbe, so liegt in dem Erbkönigthume zugleich desto mehr die Forderung, daß der königliche Sinn in dem durch ihn gegründeten Reiche fortan desto lebendiger und gleichmäßiger alle seine Glieder durchdringe, wie er das jetzt in Ruhe vermag; während der hohe Zweck selbst, welcher König und Unterthanen mit einander verbindet, hier auch die Bande der gegenseitigen Treue immer fester schließt, und das bloße Dasein dieses Erbgeschlechts seinem durch tausend geheiligte Bande ihm verbundenen treuen Volke eine Bürgschaft seiner eigenen Selbstständigkeit und Freiheit ist. O welcher Frevel solche durch das hohe Gut, welches sie schützen sollen, geheiligte Bande leichtsinnig zu zerreißen, oder zu ihrer Zerreißung zu ermuntern!

Uebersieht man dieses aber weiter nach seiner fast unendlichen geschichtlichen Länge und Breite, so wird hier alles nur desto deutlicher. Geht das Königthum seinen letzten Wurzeln und Nothwendigkeiten nach auch in die Nebel aller uns bekannten Geschichte zurück, so zeigt die Geschichte doch auch wie langsam und wie schwer es sich nach seiner höheren Bedeutung vollendet. Wo das Königthum durch Gewaltthätigkeit als seine eigenste nächste Gefahr in sein Zerrbild entartete, oder der königliche Sinn von unten aus in einem Volke verdorrte, da mußten die edleren Völker etwas neues erstreben, welches nur unter einem andern Namen die Erhabenheit des königlichen Sinnes und Heiligkeit des Königthumes oft wenigstens auf eine Zeit lang nur desto reiner und stärker zurückführte. Die Zertrümmerung eines königlichen Joches entfesselte bei manchem Volke auf kurze Zeit alle auch die besseren gebundenen Kräfte, und schuf wunderbare Anstrengungen neuer Freiheit: allein desto leichter überwucherte auch der unkönigliche Sinn. Und überall sanken die Völker immer tiefer, jemehr sie dem unköniglichen Sinne zur Beute wurden.

Schon das älteste Volk, von dessen hoher Bildung wir heute genaueres wissen, die Aegypter, hatte ein hochausgebildetes Königthum; und nur diesem verdankt man den Glanz und die Erhabenheit aller seiner unzerstörbaren Werke. Der Gewaltthätigkeit gegenüber, in welche sich die Pharaonenherrschaft verlor, erhub sich in den Wundern der Gottherrschaft*) des Volkes Israel zum erstenmale auf der Erde ein Reich

---

*) Theokratie: wird man denn endlich unter verständigen frommen Männern in Deutschland aufhören dieses Wort zu mißbrauchen und seinen ewig nothwendigen guten Sinn zu verdrehen? Folgt denn daraus, daß es üble Theokraten gab, daß Theokratie selbst vom Uebel sei? daraus daß Rom einmal einen üblen König und dann später hundert üble Volkstribunen hatte, daß das Königthum selbst und die Volksvertretung abzuschaffen sei?

unvergänglicher Gründung, die Gemeinde der wahren Religion. Dieses Reich bestand viele Jahrhunderte lang in dem verklärten Glauben, nur dem wahren Gotte selbst gebühre die Erhabenheit und Heiligkeit des Königthumes: und doch sah es sich dann im Laufe der Jahrhunderte gezwungen, ein menschliches Königthum mit jenem rein göttlichen zu verschmelzen, damit aber von jenem das höchste zu fordern was es leisten kann; eine Forderung, welche, als sich zeigte, wie schwer sie zu erfüllen sei, jene wunderbarste Sehnsucht nach dem rein vollendeten menschlich=göttlichen Königthume schuf, welche erst Christus erfüllte. — Die Griechen zerschlugen ihr ältestes Königthum und gewannen dadurch zwar eine in ihrer Art bewundrungswürdige Entwicklung der geistigen Freiheit nach allen Seiten hin, wußten diese aber so wenig zu behaupten, daß sie an dem schnell genug alles überwuchernden unköniglichen Sinne unrettbar zu Grunde gingen.*) Alexander aber ward dann so wenig der Mann ein besseres griechisches Königthum zu gründen, daß die besten seiner Nachfolger nur in der Luft des altköniglichen Landes Aegypten und auch sie kaum über ein Jahrhundert lang gedeihen konnten. — Die Römer büßten lange für die Vertreibung ihrer Könige, bis sie ohne den königlichen Namen dennoch ein Volk von Königen zu sein lernten; weil sie das aber nur den fremden Völkern nicht aber ihren eignen Begierden gegenüber zu sein immer mehr lernten, so wurden sie zuletzt nur die bejammernswerthesten Sklaven von Cäsaren, welche hoch über Königen zu stehen meinten und doch nur dieses ganze römische Weltreich, in ihm aber alles Alter=

---

*) Möchte man doch endlich bei uns die Demokratie zu preisen aufhören, eine höchst gebrechliche Weise, wie die hierin durchaus kein Muster gebenden Griechen ihre Freiheit zu schützen suchten! Aber ebenso hat die Aristokratie der alten Griechen für uns heute weder Sinn noch Zweck. Was sollen uns nun diese bloßen alten Namen?

thum der westlichen Hälfte der Erde zu Grunde zu richten wußten. — Auch der Islam wollte etwas viel besseres als das Königthum bringen, und führte nachdem er an den zusammengeraubten Schätzen der Völker sich übersättigt hatte, immer unwiderstehlicher zu ihrem allgemeinen Verderben. — Scheint irgend ein neueres Volk die königliche Herrschaft durch Empörung und Umwälzung glücklich abgeschüttelt zu haben, so sind es die Nordamerikaner: und doch wuchs auch infolge ihrer nicht vollständig gerechtfertigten Empörung der unkönigliche Sinn unter ihnen so entsetzlich an, daß die Besseren unter ihnen eben um diesen zu bändigen den furchtbaren Sklavenkrieg wagen mußten, und sich nun erst zeigen wird ob die Läuterung tief genug gewesen. Und was haben die Franzosen durch den Mord ihres Königs und ihrer Königin, sowie durch alle ihre folgenden Umwälzungen gewonnen?

Die Deutschen waren, sehen wir von unsern neuesten Zeiten ab, stets ein Volk königlichen Sinnes; und Alles was sie Großes und Herrliches in der Geschichte gewannen, ist nicht ohne ihn gewonnen. Wo blieben die Griechen vor den Römern, aber wo auch die cäsarischen Römer und wieder tausend Jahre später die entarteten päpstlichen Geistlichen vor dem königlichen Sinne der Deutschen? Aber ihr ehrwürdiges altes Reich ward ja selbst der mächtigste Schuz des königlichen Sinnes. Nannte man es auch, wegen seiner alten Anknüpfungen an die ruhmvolle Urgeschichte der Deutschen, das heilige Reich „Römisch-Deutscher Nation"*), aber wie gänzlich verschieden von jedem cäsarischen Reiche bildete es sich früh aus, und wie empfing der deutsche umgelautete Kaiser nicht bloß einen neuen Laut sondern auch eine ganz andere Bedeutung als ein Cäsar! Vor-

---

*) Worin nur die Erblichkeit nicht aufkommen konnte, weil der Imperator immer zunächst nur Feldherr d. i. Mann sein muß.

züglich drei wichtige Dinge sind es, an denen dieser königliche Sinn unter uns sich seit den Urzeiten ausbildete und erhielt. Vor allem dies, daß das Reich nicht als das eines Menschen oder eines menschlichen Herrschergeschlechtes erschien, als wäre es dessen Schöpfung und dessen Bereich und Gebiet, seiner Willkür und Laune und seinen Zufälligkeiten hingegeben: es war ein heiliges Reich, welches nur Gott und Christus dienen wollte, ein höheres Wesen, welches gleicherweise über dem Kaiser und allen Fürsten und Obrigkeiten wie über allem gemeinen Volke stand, und dem auch der Mächtigste nicht widerstreben sollte. Menschliches Reich kann erst dann ein für alle seine Glieder gleichmäßig glückliches werden, wenn etwas als über ihm stehend anerkannt wird, was allen seinen Gliedern gleichmäßig heilig sein und gleichmäßig zum Heile dienen kann;*) was aber dieses Reich·als über sich stehend anerkannte, das ist nicht der Papst und nicht Luther, sondern nur das, was ewig die Möglichkeit alles menschlichen Heiles in sich schließt. Das zweite war, daß der Kaiser nur mit der freien Berathung und Einwilligung der einzelnen Stände des Reiches herrschen konnte und stets an die Ueberwachung aller seiner Herrschaftsthaten durch sie gebunden war, in einer Verfassung welche allmählich durch die Eigensucht der einzelnen Stände zu schwach und ohnmächtig wurde, die aber dennoch der Grund jeder richtigen Reichsverfassung bleibt, mit welcher die strenge Handhabung der öffentlichen Gerechtigkeit eng zusammenhing, und welche sich ihrer richtigen Grundlage nach durch alle die einzelnen selbstständigeren großen und kleinen Glieder des Reiches nach unten hin ebenmäßig fortsezte. Das dritte, die möglichste Selbstständigkeit und eigene freie Bewegung dieser einzelnen

---

*) Daher seit 1815 der berechtigte Ruf nach Staatsgrundgesetzen durch alle deutschen Länder, dem endlich auch Preußen und Oesterreich nachgeben mußten, wie aber bis jetzt jenes ist bekannt.

Glieder des Reiches, der einzelnen Länder, Städte, Universitäten und sonstigen Körperschaften, sodaß es keinem Elephantenfuße einer einzelnen Macht erlaubt war das Recht des Einzelnen oder auch das des Ganzen zu zerstampfen. Es war so das Zusammenwirken dieser drei tiefsten Grundlagen der Verfassung des deutschen Reiches, welches die Macht des königlichen Sinnes in ihm von oben nach unten durch alle Glieder hindurch mit einer so wunderbaren und trotz aller zeitlichen Mißgeschicke dennoch im Ganzen so glücklichen Beharrlichkeit erhielt. Der deutsche Bund aber wahrte von diesen Grundlagen wenigstens soviel des Wesentlichsten, daß sich aus ihm sehr wohl eine immer bessere Verfassung des deutschen Reiches hätte hervorbilden können.

Wird man hier die Schweiz einwenden? Aber jene kleinen Länder an dem weiten Saume des deutschen Reiches wollten sich anfangs gar nicht von ihm lostrennen, und wurden erst 1648 getrennt. Nun kann es seinen Nutzen haben daß Länder auch mit sehr verschiedenen Verfassungen dicht neben einander bestehen und sich so gegenseitig beleuchten; auch wird dies wahre Kleindeutschland immer gut fortbestehen können solange Großdeutschland keinem Dschingiskhan gehorcht. Allein wie gefährlich auch der Schweiz das Erschlaffen des königlichen Sinnes werden kann, hat die Geschichte längst gelehrt; und auch ohne den königlichen Namen wird sie sich stets bemühen müssen diesen Sinn als ihr bestes deutsches Erbtheil nicht zerrinnen zu lassen.

Die Einwirkung der Pariser Luft schwächte nun zwar in Deutschland den königlichen Sinn allmählich; wie sich schon 1848 zu jener Zeit zeigte wo man seiner, um die Mängel des deutschen Bundes zu heben, am meisten bedurft hätte. Allein auf's Gewaltigste ward er erst seit dem Neujahrstage 1859 infolge der unverantwortlichen Haltung geschwächt, welche Preußen diesem gegenüber einnahm; und vollständig ist er nun seit dem 15. Juni 1866 im raschen Verschwinden begriffen. Schon sind seine Wurzeln vollständig aus unzähligen Herzen losgerissen, viele Tausende von Geistern und Händen sind fortwährend ihn zu zerstören thätig, und was diese nicht vermögen das vollendet die einreißende Verzweiflung an seinem Werthe und Nutzen.

2.

Will dies aber Jemand leugnen, so genügt hier statt tausend anderer ein Beispiel. Allbekannt ist wie die Berlinisch Gesinnten schon vor dem 15. Juni 1866 König Georg V. seine königlichen Rechte und seine ganze Majestät behandelten, wie ihnen schon vor der Schlacht von Langensalza, zu welcher er gezwungen war, kein Wort und kein Bild in öffentlichen Ausschreiben und in Zeitungen zu schlecht war ihn und seine Herrschaft zu verlästern, und wie diese unkönigliche Schule der Lüge und Lästerung seitdem auch in Büchern ihrer giftigen Zunge Alles für erlaubt hält. Der Haß und die Wuth überträgt sich bei denen, die sich in sie verloren haben, sogar schon auf die längstvergangenen Zeiten, der Welfenname ist ihnen tausendmal ärger und ungerechter als im Mittelalter ein bloßes Schimpfwort geworden, und jeden alten und neuen Ruhm der Welfen wollen sie aus der Geschichte auslöschen *). Nun sind

---

*) Was kann es nützen hier die unzähligen öffentlichen Beweise aller Art dafür zu nennen? Dieser Berlinische Brunnen strömt ja noch immer vor aller Augen sein trübes Wasser aus und möchte damit die ganze Welt erstickend überfluthen. Allein es kann hinreichen, statt aller andren neuen Zeitungen, Schriften, Bücher, Bilder u. s. w. auf das Buch „Das Welfenthum und seine Vorkämpfer", Potsdam 1868 (70 Seiten) hinzuweisen. Dieses Buch gibt offenbar das Beste und Beredsamste, was ein Mann heutigen Berlinischen Geistes vordie Hannoveraner nie so einbildnerisch oder so ruhmsüchtig gewesen, daß sie ihre Fürsten unmäßig gelobt hätten. Man hat nur unter uns wie sonst unter allen Deutschen der älteren Landes- und Fürstengeschichte einen neuen rühmlichen Eifer gewidmet; und wer kann unserm Könige Georg V. verdenken, daß er den Welfennamen hochhält? Lassen wir nun das ganze Mittelalter hier bei Seite, so weiß doch Jeder, daß nicht wenige der glänzendsten Seiten der Deutschen ja der Europäischen Geschichte mit dem Ruhme der Welfen beschrieben sind, daß die Deutsche Reformation in vielen derselben ihre erleuchtetsten und kräftigsten Förderer gefunden, daß die Welfen in England als die allein würdigen Fortsetzer des schweren Werkes Wilhelm's III. und als die ungebeugten Bekämpfer der Pariser Umwälzungslust sich um das Beste unsrer ganzen neueren Zeit unsterbliche Verdienste erwarben, daß ohne ihre mächtige Hülfe die Deutschen sogar noch 1813 bis 1815 nie ihre Freiheit wieder erobert hätten. In den Welfen war stets wenn in irgend einem Deutschen Fürstengeschlechte königlicher Sinn, Hochachtung des Rechtes, edle Beförderung der Wissenschaft, auch Tapferkeit und Wagemuth, wie sie zur rechten Zeit einem Fürsten seinen frevelnden Feinden gegenüber ziemen: sogar die wenigen dunkleren Stellen unserer langen Geschichte heben nur desto höher den reinen Glanz dieses einst vielverzweigten weitver-

---

bringen kann, und ist dennoch das verschrobenste, lügenhafteste und niederträchtigste, welches irgend in deutscher Sprache geschrieben werden kann. Aber es ist bei allen besseren Deutschen auch schon dadurch genug verurtheilt, daß der Verfasser, welcher zur Schule der Preußischen Geschichtsverdreher gehört, sich nicht zu nennen wagt, obgleich er unter dem Schutze der Zündnadeln schreibt. Bedenkt man nun dazu, daß dies Buch nur veröffentlicht ist, um eine in München veröffentlichte aber hier in Hannover sogleich weggenommene unverfolgte, etwas gerade und offen redende Schrift zu widerlegen, so begreift auch an diesem Zeichen Jederman in welcher Deutschen Zeit wir heute leben.

breiteten Fürstengeschlechtes. Sie wollten nie wie vor dem zuletzt verstorbenen alle Preußischen Könige über Sklaven herrschen, und fanden daher stets ein nicht weniger königlich gesinntes, freies, williges Volk; auch die wenigen Störungen in dieser unauflöslichen hohen Ehe zwischen Fürst und Volk lösten sich immer früh genug wieder in den beglückenden häuslichen Frieden auf. Trotz des schweren Irrthumes und Vergehens, mit welchem Ernst August in das Land kam, erwarb er sich im Einverständnisse mit seinem besonnenen königlich gesinnten Volke 1848 bis 1850 den Ruhm des gesetzlichsten und glücklichsten Deutschen Königs; und wenn ich bis in seinen Tod seine Ungnade erfuhr, so litt ich doch, seitdem ich 1848 in sein Land zurückgerufen war, nie das geringste Unrecht von seiner Seite, und konnte in aller Ruhe hier neben ihm wirken und lehren. Aber ist es denn für den Unterthanen, auch für den mit Amt und Geschäften betrauten, nicht genug daß er von seinem Könige und Herrn nur kein Unrecht zu leiden habe? Die königliche Gnade begehre, wer ihrer bedarf: das Reich und das Volk kann blühen und blühet dann am besten, wenn dem treuen Unterthan nur kein Unrecht geschieht, auch da nicht wo er eine von der herrschenden Macht abweichende Meinung über wichtige Dinge der Herrschaft hat und seinem Gewissen nach nicht alles thun kann, was diese von ihm erwartet oder fordert.

Und trifft es sich nun nicht gut, daß ich ganz dasselbe von der jetzt lebenden Majestät Königs Georg V. nach eigenster Erfahrung sagen kann? Ich habe nie eine besondere Gunst oder Ehre von ihm erfahren, begehrte sie auch nicht, und war zufrieden ja dankbar daß mir nur kein Unrecht geschah, kein Eingriff in meine öffentliche Thätigkeit versucht, und keine einzige meiner freien Bewegungen und Bestrebungen als Deutscher und als Christ als öffentlicher Lehrer und als Schriftsteller auch nur im Mindesten gehemmt wurde. Das kann ich jetzt rühmen, rühme es hier frei vor aller Welt, und würde eine Sünde zu begehen meinen, wenn ich es nicht gerade jetzt laut rühmte. Aber ich kann, ich muß jetzt mehr sagen; und was ich von zweien meiner besonderen Erfahrungen sonst nie vielleicht öffentlich gesagt haben würde, davon werde jetzt hier der Schleier gehoben. Sind es doch Erfahrungen, welche zugleich mit zweien der wichtigsten Regierungshandlungen Sr. Majestät enger zusammenhangen und welchen schon deswegen mancher Leser mit besonderer Theilnahme folgen wird.

Man weiß, daß während der Jahre der auf die Sturmfluth von 1848 folgenden rückläufigen Bewegung die besonnene ruhige Haltung des Königreichs Hannover den Unmuth und die Zerstörungslust vorzüglich berlinischer, dann auch einiger anderer unweiser deutscher Staatsmänner erregte, und daß diese nicht schlafen zu können meinten, wenn nicht auch dieser Theil Norddeutschlands in die bei ihnen beliebte, gewaltsame Zurückbildung hineingestürzt würde. Unser Land und Volk konnte diesen Revolutionsgelüsten um so ruhiger entgegensehen, je besonnener es sich 1848—50 als ein Volk wahrhaft königlichen Sinnes bewährt hatte. Da fand sich endlich 1855 dennoch in dem jetzt nach allen seinen möglichen Seiten hinreichend bekannt gewordenen v. Borries der Mann, welcher solchen Umsturz durchzusetzen sich kräftig genug dünkte; und dem Senate der Universität wurde wie allen übrigen Behörden des Landes ein Gesammtministerialbefehl zugefertigt, wonach jeder Beamte das Beginnen dieses Umsturzes befördern sollte. Diese Zumuthung konnte ich weder mit der zu Recht bestehenden Landesverfassung noch mit der Pflicht eines Christen reimen; und obwohl sich im Senate der Universität außer mir Keiner fand, welcher den aus jenem Befehle sich ergebenden Folgerungen von vorne herein zu widerstehen*) für seine Pflicht hielt, fühlte ich die Last dieses nur zu sehr an die Umwälzung von 1837 erinnernden Falles zu niederdrückend auf meinem Gewissen, und zeigte in einer gehorsamsten Eingabe dem Ministerium an, wie es mir unmöglich sei, einem solchen Befehle irgendwie nachzuleben, „überzeugt, daß Seine Majestät unser gnädigster König auch von seinen öffentlichen Dienern nur einen solchen Gehorsam fordern und erwarten werde, welcher den höchsten Geboten des Christenthums, den zu Recht bestehenden Landesgesetzen und dem durch Beides bestimmten Gewissen eines christlichen Unterthanen nicht widerstreitet". Diese Eingabe verursachte alsdann, wie erzählt wurde, eine Sitzung des Gesammtministeriums, und schon meldeten, bevor ich irgend etwas amtlich erfuhr, hannoverische und andere Zeitungen meine Amtsentsetzung; auch wußte ich ja selbst sehr wohl, daß die bloße Folgerichtigkeit die damals Herrschenden gezwungen hätte mich jetzt ebenso wie 1837 zu behandeln. Da ich indessen sah, daß die damaligen Minister es für gerathen hielten, mich vorläufig in Ruhe zu lassen, meine Eingabe aber unter den Akten zu vergraben, so ergriff ich die nächste Gelegenheit, sie zu veröffentlichen, um die Welt nicht über mich im Unklaren zu lassen, ja ich veröffentlichte sie mit einigen Bemerkungen ganz offen hier am Orte selbst**): und nun, meinten auch meine nächsten Freunde, sei die „Bestrafung" gewiß. Ich war wieder auf Alles gefaßt, erlitt aber, wie die folgenden Tage und Jahre zeigten, nicht die geringste Störung in allen meinen Geschäften und Aemtern, obgleich Jedermann wußte, daß ich bei jedem vorkommenden Falle im Senate wie auf

---

*) Was hilft ein vorläufiges Schweigen und etwa späteres Widerstreben? Wie alle Geschichte zeigen kann, nichts.
**) In den Jahrbüchern der biblischen Wissenschaft (1855) VII f. 226 f.

dem Lehrstuhle und in Gesprächen wie in Schriften stets meiner Eingabe gemäß urtheilte und handelte.*) König Wilhelm III. von England erließ den Tory's den Huldigungseid, und König Georg II. nahm es ruhig hin, als ihm der Präsident des Cellischen Oberappellationsgerichts auf seine Frage, warum er alle seine Prozesse beim Gerichte verliere, die Antwort gab, „weil E. M. immer Unrecht haben"; jene beiden Könige verloren dadurch nichts, und ich hoffe auch nach 1855 stets ein treuer Unterthan meines rechtmäßigen Königs Georg V. gewesen zu sein. Aber jeder Deutsche sollte den König verehren, welcher den fortgesetzten Widerstand eines Unterthanen so großmüthig ertrug, und sein zu unterscheiden wußte, ob aus einem öffentlichen Beamten ein lauteres Gewissen rede oder nicht.

Sieben Jahre später, 1862, erschien der von den Consistorialtheologen übel verfaßte und noch übler veröffentlichte neue Landescatechismus; ich gab sofort gelegentlich mein Urtheil darüber zu verstehen**), wurde dann aber im August jenes Jahres mitten in den englischen Bibliotheken nicht wenig von den Nachrichten über die lauten Catechismusunruhen überrascht. Hieher zurückgekehrt nahm ich mich im Oktober sogleich freiwillig dieser Bewegung an, um sie, so viel ich vermöchte, zu einem guten Ziele zu leiten, war einer der thätigsten sogenannten Celler, und mißbilligte sowohl vor der Bewilligung

---

*) Damals gaben auch Andere wie Herr von Bennigsen, Ellissen, Miquel, v. d. Horst u. s. w. ihre Mißbilligung des Umsturzes laut zu erkennen, und der erste trat deßhalb aus dem öffentlichen Dienste: allein leider hat nun das gesammte spätere Verhalten dieser Männer und vorzüglich das von 1866 an gezeigt, daß ihr Widerstand vielmehr aus unlauteren d. i. unköniglichen und unchristlichen Antrieben entsprang. Was hilft nun ein Beginnen welches so endet, eine Erhebung die zuerst so rein und so edel, so geistig und so deutsch schien, nun aber so tief ungeistig, so schief, so rein undeutsch schließt.

**) In dem „Zweiten Worte von 1862 über die heutigen Jesuiten und alles was mit ihnen zusammenhängt." (Göttingen 1862.) s. 29.

der Vorsynode als sodann in ihr selbst bestimmt genug alle die Bestrebungen, welche die endlich keimende kirchliche Freiheit aus bloßer Aengstlichkeit oder aus andern üblen Gründen sogleich wieder unrichtig beschränken wollten. Das hannoverische Landeskirchengrundgesetz, welches aus dieser tiefern christlichen Bewegung unsers guten Volkes hervorging, wurde als ein's der besten dann ein Vorbild für ganz Deutschland, wirkte vorzüglich für Norddeutschland wie eine wahre Wohlthat, und wird wie ich sicher hoffe, auch künftig mächtig dazu mithelfen, ein besseres christliches Geschlecht zu erziehen; allein frei sage ich hier gelegentlich: wäre es 1863 noch vollkommener nach meinen Wünschen ausgebildet, so stände unsere Landeskirche heute der verkehrten preußischen Union noch kräftiger und unantastbarer gegenüber; aber eine große Schuld an dieser geringeren Vollendung hatte die wenig christliche Einsicht und der ganz mangelnde christliche Muth der Nationalvereinler in der Vorsynode, welche dort wie überall die Freiheit vor sich her trugen und sie nirgends bewährten.*) Doch was ich in allem Kirchlichen that und was ich wagte (und wohl weiß ich, daß ich in meiner öffentlichen Stellung viel wagte), nirgends fand ich von Seiten unseres Königs auch nur die geringste Hinderung; auch als ich die Anklage des einseitigen schädlichen Verhaltens des Consistoriums in die Vorsynode einbrachte erzählte man (wie ich später erfuhr), Seine Majestät habe ausdrücklich gewünscht, daß die einmal eingebrachte Anklage seiner obersten Kirchenbehörde verfolgt werde. Und blickt man auf alle jene Zeiten und Lagen jetzt zurück, wo zeigte sich bei dem ganzen Verlaufe dieser nicht gefahrlosen Bewegung jemals ein König königlicher als Georg V.? Wo verläugnete ein deut-

---

*) Es ist heute auch gut zu beachten (was ich am besten weiß), daß die kirchliche Bewegung unter uns schon ganz ihrem Gipfel nahe war, als Bennigsen mit den Seinigen erst hinzutrat.

scher Fürst mehr seine eigene Vorliebe um allein dem Wohle des Ganzen seines Volkes zu dienen, die Gewissen zu schonen und das Heilige nicht anzutasten? Aber darum entblühete denn auch dieser wohl geebneten Bewegung für König und Volk neues höheres Heil, ganz Deutschland blickte damals mit Bewunderung auf das in Hannover Erkämpfte und Gewonnene, das heutige Christenthum statt wie Manche fürchteten durch diese Unruhe zu leiden tauchte aus ihr mit neuer Kraft für alles Volk empor, und das allgemeine Wohl des Landes entfaltete sich auch in Folge dieser fruchtbaren Bewegung immer freier und glücklicher.

Dies sind meine eigenste Erfahrungen, die Niemand so gut wie ich heute mittheilen kann: andere werden leicht auch aus den ihrigen das Lob des Königs fortsezen können. Nie schreitet bei einem Volke auch die glücklichste Entwickelung ganz gerade und unaufhaltsam fort: zuviel des Trüben und Verworrenen strömt aus jeder früheren Zeit in die neue herein; und neue schwere Gaukeleien und Verirrungen gebiert leicht jeder Tag, bald durch der Leitenden bald durch des Volkes Schuld. Nur darauf kommt es an, wie die Uebel und Irrthümer der Zeit von dem Fürsten und vom Volke aufgenommen, wie sie bekämpft und wie sie entfernt werden. Die Geschichte aber hat gelehrt daß in Hannover unter der Herrschaft Königs Georg V. das Glück und der Wohlstand des Volkes, soweit es unter den allgemeinen Deutschen Verhältnissen möglich war, immer herrlicher aufblühete.

3.

Aber das ist auch zugleich dein Lob, du mein mir nächstes deutsches Volk in diesem Königreiche Hannover! Es ist vor allem das Lob deiner Treue und deines zuvorkommenden Vertrauens gegen den angestammten König, eines Vertrauens wie es sogar in einem deutschen Volke nie größer und reiner sein konnte. Was noch nie in irgend einem deutschen und fremden Volke möglich gewesen, daß ein durch übles Geschick seiner Augen beraubter Fürst die Herrschaft empfängt und ebenso ruhig als glücklich herrscht, du hast es möglich gemacht durch deinen festen königlichen Sinn und das in diesem sprossende christliche Vertrauen. Denn was gegen alle bisherige Gewohnheit und Sitte eines Reiches in unsern Ländern ist und nie einfaches Gesetz werden kann, das kann wohl einmal versucht werden, wenn gegenseitiges Vertrauen von beiden Seiten glücklich waltet und auf beiden Seiten sich fortwährend stets lebendig erhält. Aber daß sogar dieser durch alle Hülfsmittel in vieler Hinsicht unersetzliche Mangel dennoch dem gesegneten Aufblühen des Landes nicht schadete, daß bei allem noch zu Wünschenden unter der Herrschaft Georg's V. dennoch unter uns sich alles überwiegend glücklich gestaltete (denn auf die zuletzt von Außen gekommene gewaltsame Unterbrechung dieses Glückes kommt es hier nicht an), das ist zugleich dein Lob, du Volk in allen deinen sonst noch so verschiedenen Theilen! Was am Ende gegen die gewöhnlichen menschlichen Voraussetzungen und alten Gesetze unter dem Walten der göttlichen Gnade gelingt, das kann zwar nie einen gesetzlichen Vorgang begründen; es bleibt etwas für sich, und darf nicht, als müßte es wieder gelingen, wiederholt werden: aber zeigt die Geschichte wie herrlich es diesmal gelang, so ist das Lob beider des Königs und des Volkes dabei desto größer.

Dein Lob ist es ferner, daß du nie dem einseitigen unköniglichen Treiben einzelner Unzufriedener im Lande zu leichtgläubig dich hingabst. Denn daß solche Männer nicht fehlen, welche nicht alles von den herrschenden Gewalten Beliebte oder eifrig Betriebene billigen, die Gefahren, welche dem Reiche und seiner Wohlfahrt drohen, tiefer bemerken und an alles was zum Heile dienen kann, unermüdlich erinnern, ist zwar einem Volke stets zu wünschen, ja ist ebenso nothwendig, wie das Bestehen eines Reiches und Volkes selbst; und ebenso ist zu wünschen, daß solche Männer, welche dazu taugen, sich diesem Bedürfnisse wo möglich ganz widmen. Allein das Unglück ist, daß es im heutigen Deutschland noch immer zu Wenige gibt, welche sich ihm ebenso beharrlich und verständig als gewissenhaft und unerschütterlich treu widmen, und daß dagegen in unsern Zeiten eine Rotte von Menschen durch alle deutschen Länder zerstreut ist, welche sich für das öffentliche Wohl Deutschlands zu wirken frei berufen glauben und mit der äußersten Frechheit ihre Bestrebungen verfolgen, während sie nichts verstehen, als Deutschland zu Grunde zu richten und unsägliches Elend über Alle zu bringen.

Deutschland hat im sechszehnten Jahrhunderte Kirchenmänner gehabt, welche für unser Volk und durch dieses für viele andere Unsterbliches ins Leben riefen, was noch heute mächtig nachschwingt und nachwirkt. Staatsmänner dagegen, welche des Namens würdig sind, wurden immer seltener, seitdem es den deutschen Reichstag besser auszubilden nicht mehr gelang. Am wenigsten aber konnten solche in Preußen aufkommen, seitdem dieses unter seinem Friedrich II. die Selbstsucht und Gewaltthätigkeit, die Zertheilung und Zerstörung Deutschlands zu seiner Grundlage machte. Auch Stein kann bei allen seinen Vorzügen nicht als das Muster eines deutschen Staatsmannes gelten, schon weil er zu Anfange des Jahres 1813 das völlig verkehrte Abmachen zwischen Preußen und Rußland beförderte, welches der Grund alles neuen deutschen Unheiles wurde; auch der sonst so vortreffliche W. v. Humboldt nicht, weil er das Grundböse in Preußens Wesen wohl klug genug war, richtig zu erkennen, aber zu unschlüssig und zu schwach, es gründlich zu bekämpfen*); von Leuten aber wie Arndt, welcher seinem eigenen Liede untreu wurde, kann gar keine Rede sein. Weit eher hätten in Oesterreich nach seiner altererbten Würde und Ruhe, sowie nach seiner besondern Lage an der gefährlichsten Stelle Europa's sich wahre deutsche Staatsmänner ausbilden können: allein wer auf den Papst Rücksicht nehmen muß, kann kein guter oder wenigstens (wie Joseph's II. Beispiel zeigt) kein glücklicher Staatsmann werden; und über Metternich, welcher den besten Geist des deutschen Volkes verkannte, urtheile ich noch jetzt wie früher. Wie die deutschen Dinge also bis 1848 lagen, konnten nur in den kleineren deutschen Ländern einige Staatsmänner aufstehen, welche diesen Namen verdienen, ein J. J. Moser in Württemberg, ein Stüve, ein Dahlmann unter uns. Es wird bis in mein Grab eine meiner theuersten Erinnerungen sein, daß ich durch die Ereignisse von 1837 mit Dahlmann so nahe als möglich zusammen geführt wurde: man schätze es danach wie tief mein Schmerz war, als ich sah, daß er seine letzte gute Stunde hatte als er im September 1848 den Malmöer Waffenstillstand verwarf, dann aber wie aus Verzweiflung an Deutschland sich in Preußen's Arme warf. Ein Deutscher soll nie an Deutschland verzweifeln; und ein ächter Staatsmann kann wohl in manchen Einzelnheiten irren, er verliert sich aber selbst, sobald er wegen zeitlicher Schwierigkeiten an einem

---

*) Will man dies am deutlichsten sehen, so beachte man nur die wenigen aber klaren vertraulichen Worte von ihm aus dem Jahre 1818 über Preußens Verhältniß zum deutschen Bunde, im Lit. Nachloß der Fr. v. Wolzogen (1867) II s. 35; man vergleiche aber auch damit die Urtheile anderer unabhängiger scharfsinniger Preußischer Männer aus derselben Zeit 1813 bis 1817 wo nach der landläufigen Meinung Preußen am höchsten stand, wie sie z. B. eben dort S. 240, 242, 244 sich finden. Auch die endlosen Veröffentlichungen von und nach Varnhagen sind nach dieser Seite hin sehr unterrichtend. Varnhagen hatte wenigstens ein scharfes Ohr.

Grundsatze nicht festhält, welcher sein ganzes Denken und Handeln bestimmen muß. In Grunddingen sich von der geraden Bahn abbringen lassen und auch nur ein wenig sich verirren ist umso verhängnißvoller, weil man dadurch eine unabsehbare Menge von sogleich noch viel ärger verkehrten Bestrebungen und Handlungen aufmuntert und nirgends mehr bemessen kann, auf welche Klippen das steuerlose Schiff stoßen werde. Hätte der herrliche Mann freilich das trübe Jahr 1859 in frischer Kraft erlebt, so würde er sicher damals seinen Irrthum wie H. v. Gagern gutgemacht haben. Aber in jenem wahren Anfangsjahre des neuesten deutschen Elendes 1859, wo Preußen seine entsetzliche Verwirrung aller deutschen Dinge im Großen eröffnete, konnte nun unter dem Schutze dieser Verwirrrung der Nationalverein gestiftet werden, welcher den Gagern=Dahlmann'schen Irrthum des Jahres 1849 sogleich bis zum offenen Verrathe Deutschlands steigerte. Vergeblich waren unter dem neuen mächtigen Schutze, auf welchen er bauete, alle die ernstlichsten Warnungen. Sogleich im Herbste 1859 (was hier nur der schweren Folgen wegen bemerkt werden möge) ergriff ich als ein einfacher Göttinger Bürger die Gelegenheit, dem Hrn. v. Bennigsen als dem damaligen Vertreter Göttingens, in Hannover meine Mißbilligung seines ganzen Unternehmens deutlich zu verstehen zu geben; und daß er das nicht vergessen habe, sagte er mir freiwillig im Spätherbste 1863, als die heranziehende, für jetzt letzte Entwickelung der Schleswig=Holsteinischen Frage alle die verschiedenen Parteien noch einmal näher zusammenführte. Und wäre im Nationalvereine nicht schon alles vom Herzen aus verdorben gewesen, so hätten nothwendig die Erfahrungen der Jahre 1864—65 ihn bessern müssen. Allein er verstand nichts, als sich und ganz Deutschland immer tiefer ins Verderben zu reißen.

Aber kaum hatte dieser schon in seinem Namen völlig un=

deutsche Nationalverein*) in den Tagen und Wochen vor dem 15. Juni 1866 seine letzten Gedanken und Bestrebungen vor allem Volke gänzlich enthüllt, o wie wurde er da von den meisten und besten Männern verlassen welche er bis dahin getäuscht und betrogen hatte, wie zeigte sich daß er gar keinen Halt im deutschen Volke und am wenigsten in unserm Hannoverischen habe! Wie glitten nun alle die Vorspiegelungen der falschen Freiheit und der Zauber der eiteln Versprechungen neuen hohen Glückes an dem einfachen nüchternen Auge und dem königlichen Sinne des Volkes in unsern Gauen ab, und wie fanden sich die nun selbst in ihren Erwartungen bitter getäuscht, welche in ihren Gängen auf Verrath das Volk schon einmüthig hinter sich zu sehen meinten! Das ist dein Lob, du Volk Hannovers! Die kräftigsten und besten deiner Söhne ließest du muthig in den unvermeidlich gewordenen Blutkampf für das Recht Deutschlands und das von diesem unzertrennliche deines Königs ziehen, freutest dich ihres Sieges, und warest stolz auch auf deine in einem solchen Kampfe Gefallenen. Aber dein weiteres noch größeres Lob ist, daß du auch seitdem unter allen den folgenden Versuchungen und bitteren Leiden die Treue nicht ließest, unter allem Drucke dich nur immer fester und reiner zu dir selbst zurückfandest, und jene christliche Geduld lerntest, welche im ruhigsten Bewußtsein ihrer unentreißbaren Rechte und ihrer unsterblichen Hoffnungen auch die schwersten Uebel der Zeit besonnen und muthig erträgt. Nur ein Volk, welches sich mitten in der Versuchung so bewährt, kann auch unter allem Niederbeugenden der Gegenwart freudig in alle Zukunft blicken und unter der göttlichen Gnade eine bessere Zukunft erleben.

---

*) Wie lange und zu wie vielen unseligen Unternehmungen ist dieser Name National nun seit 1799 mißbraucht!

Das Alles schreibe ich zugleich für euch ihr Preußischen Deutschen, die ihr durch euer Verhalten im Jahre 1866 nicht blos über Hannover, Schleswig-Holstein, Hessen, Nassau und Frankfurt, sondern auch über Oesterreich und ganz Deutschland dies unsägliche Elend herbeigeführt habt, und noch jetzt es auf die rechte Art wieder aufzuheben nicht ernstlich beginnen wollt. Was habt ihr gethan? was thuet ihr jetzt? und was solltet ihr thun? Wohl weiß Jeder, daß die Schuld an dem was geschehen ist und noch geschieht, unter euch sehr verschieden vertheilt ist, und daß es auch solche unter euch gibt, welche Alles was zur Schwächung und Vernichtung des königlichen Sinnes und zur Zerstörung Deutschlands geschehen ist und noch geschieht, entweder völlig mißbilligen oder doch wenn auch meist nur mit stillen Seufzern bedauern; und so wird Jeder von euch leicht fühlen, wiefern ihn meine Worte treffen oder nicht. Allein mein aufrichtiger Rath, was ihr jetzt thun solltet, gilt euch Alle gleichmäßig: wäre es aber in irgend einem deutschen Lande nicht mehr erlaubt, daß ein Deutscher allen seinen deutschen Brüdern in einer so tief verhängnißvollen Sache seinen deutschen und seinen christlichen Rath öffentlich geben dürfte, nun so wäre schon damit über dieses einzelne deutsche Land hinreichend geurtheilt. Ich werde mich hier aber unso kürzer fassen, je mehr ich außer so vielem und wichtigem Anderem, was jetzt zur Beurtheilung des 15. Juni 1866 schon veröffentlicht ist*), über Vieles auf meine beiden früheren Schriften zurück-

---

*) Ich nenne hier vorzüglich die vielfachen kleinen Schriften des Herrn von Gauvain, ausgezeichnet durch scharfe Beobachtung und noch mehr dadurch daß dieser ächte Freund seines Preußischen Vaterlandes dennoch die Wahrheit über sein einzelnes Deutsches Geburtsland sagt. Von anderer Farbe und doch ganz ebenso ausgezeichnet durch seine Erhebung über die schweren Irrgänge der Preußischen Politik ist Graf von Westphalen in seiner Schrift „Meine Stellung zur Politik Bismark" 1868. Und sieht man auf das Wesentlichste, so stimmt mit den Aeußerungen dieser herrlichen Männer auch ganz das noch sonst

weisen kann, welche nirgends eine dieses Namens werthe
Widerlegung gefunden haben, noch wie ich meine finden können.
Auch ganz schmuck- und bilderlos denke ich hier zu reden, da
ich nicht entfernt die Absicht habe, durch reizende Worte und
hohe Bilder hinzureißen und zu überreden, sondern die Dinge
wie sie wirklich sind in der Kürze ruhig vorzulegen, um aus
ihrer sichern Erkenntniß die richtigen Schlüsse zu ziehen.

Ist doch der Schwindel und der Taumel, welcher vor
dem 15. Juni 1866 künstlich gemacht wurde und nach ihm
unabsehbar viele zu Boden warf, jetzt unverkennbar schon völlig
im Verschwinden begriffen, ich hoffe auf Nimmerwiederkehr, da
ein solcher Taumel nicht weniger für die welche ihn leiden als
für die welche ihn machen so unehrenvoll und tiefverderblich
ist. Eine gewaltige Ernüchterung und Enttäuschung bricht
überall in weiten Strecken durch; die Einbildungen und Er=
wartungen sinken, je höher sie mit leerem Dunste emporge=
trieben waren, nur desto tiefer; die Lügen haben heute unter
uns zwar nicht mehr kurze, sondern recht lange, aber wenn
Deutsche Deutsche und die Christen unter uns Christen bleiben.
desto gebrechlichere Beine; und täglich wächst in den weiten
Grenzen Deutschlands die Einsicht von welcher Art der 15.
Juni 1866 mit seinen Folgen wirklich sei.

Was nützt es euch nun, die ihr die Wahrheit noch immer
nicht sehen wollt, diese nicht sehen zu wollen? wollt ihr zu
spät aus eurem Schlafe geweckt werden? Die Wahrheit über
das nächste was vorliegt ist diese. Ein biederes treues deut=
sches Volk leidet zwanzig Jahre lang unter fremdem Drucke
und Hohne, während alle übrigen deutschen Völker ihm zu

Vieles enthaltende große Werk des Freiherr von Hodenberg überein;
in Zeiten aber wie diese ist es gut, überall nur auf das Wesentlichste
zu sehen. Nachschrift: Ich setze bei Hr. v. Gauvain jedoch voraus,
daß er bei seiner Aeußerung über König Georg V. in dem Vorworte
zu „Twesten" übel unterrichtet war.

helfen bereit und willig sind, ja schon oft für diesen Zweck siegreich in's Feld zogen. Preußen erkennt wie 1848 so auch 1864 das Recht seines rechtmäßigen Herzogs, welcher sich um die Befreiung dieses deutschen Volkes bereits die größten Verdienste erworben und mitten in ihm schon dessen freiwillige Huldigung empfangen hat, in dem großen europäischen Rathe zu London an, hat aber im Geheimen andere Absichten, macht aus diesen, nachdem alles mit tausend Listen vorbereitet ist, Ernst, verbündet sich gegen Deutschland mit fremden Völkern, zerreißt frevelhaft den von ihm beschworenen deutschen Bund, das ist das deutsche Reich wie es heute rechtmäßig und segensreich besteht, beginnt den ruchlosesten Krieg welcher je in aller Geschichte vorgekommen, überfällt die Bundesgenossen welche einen solchen Krieg für einen völlig unmöglichen zu halten ganz berechtigt und daher übel oder gar nicht gerüstet waren, will nun endlich seinen überhundertjährigen tödtlichen Haß gegen das vollkommen unschuldige Oesterreich befriedigen, raubt plündert und stiftet ohne alle Ursache das unsägliche Elend an, zwingt die durch solche Künste niedergeworfenen Bundesgenossen, damit nur vor Allem der mörderische Bruderkrieg aufhöre, die entwürdigendsten Bedingungen der Unterwürfigkeit einzugehen, und „annectirt" (das für ein deutsches Herz mehr als gräuelvolle muß durch ein Fremdwort verhüllt werden!) die Länder der vier vertriebenen völlig unschuldigen Fürsten mit der ebenso unschuldigen Bundesstadt, wozu es sogar durch die so erzwungenen Friedensbedingungen nicht befugt war. Ohne alle Ursache ist Deutschland zertrümmert und zum Hohne aller Völker geworden, viele Tausende sind unschuldig getödtet, andere Tausende der besten und treuesten unter fremde Völker gejagt, die Rechte und der Wohlstand unzähliger Deutschen (Fürsten und Anderer) sind vernichtet, die besten Verfassungen und Gesetze zerschlagen. Aber auch alle Religion und alles Christenthum, sofern es seinen Namen verdient, ist vernichtet, das Gold alter Treue und edeln Gesinnung in den Koth geworfen, der königliche Sinn gebrandmarkt, die bösen Gelüste Unzähliger sind heiß entzündet, und fortan jeder aufgemuntert welcher Gewalt über Recht und Untreue und Verrath über Glauben und Treue setzt. — Nun beginnt, nachdem man die Schleswig=Holsteiner im Wetteifer mit den Dänen längst daran gewöhnt hat, auch hier im Lande das Wegführen in die Festung, der Zwang der Geistlichen zum Kirchengebete während manche Christen noch jetzt deshalb die Kirche meiden, die unendliche Kette gerichtlicher Verfolgungen, die Unterdrückung jeder unliebsamen Wahrheit in den Schriften und Zeitungen*) während denen der eignen Partei alles und jedes straflos zu sagen erlaubt wird, die Absetzung Aller welche vom christlichen Gewissen gebunden den von unabsehbar vielen Andern nur widerwillig geleisteten Eid nicht leisten wollen. Das Schreckensjahr ist vorüber, und der Schrecken bleibt. Man ist so gnädig, erlauben zu wollen, daß die Verehrung und Liebe zum rechtmäßigen Fürsten im Herzen bleibe, und bestraft das Wort Christus' daß der Mund von dem überfließe wovon das Herz voll ist, als ob es nicht stets vergeblich sein müßte, gegen dieses Wort Christus' sich abzumühen.

Alles dieses, wie ich es eben nur in der Kürze andeute, bedenket, bedenket aber auch daß aus diesen heutigen Anfängen, wenn Preußen bei ihnen beharren will, nur immer furchtbarere Uebel und zuletzt die volle Auflösung und Vernichtung Deutschlands entspringen muß. Denn ein Bruder Garibaldi welcher Südwestdeutschland, oder ein Bürger Kossuth oder gar ein Professor Palacky, welcher Oesterreich Preußen als Geschenk

---

*) Die wenigen Ausnahmen davon, z. B. daß mein Schriftchen vom Neujahr 68 soviel ich weiß nur in Frankfurt verboten wurde, bestätigen nur den Satz.

entgegenführte, wird sich wohl so bald nicht einfinden, obgleich Preußen solchen Leuten 1866 offene Vollmacht zur Zerstörung Deutschlands gab; während dessen aber bleibt ganz Deutschland unter diesen eiteln Versuchen allen inneren Zerreibungen und allen Gefahren nach außen schutzlos ausgesetzt, ein feiles Gebiet für fernere Fortsetzungen des 15. Juni 1866. Sollte es aber je Preußen ebenso alle die noch übrigen deutschen Länder zu unterjochen gelingen, wie es jetzt ihrer Fünfe unter sein Joch gebracht hat und zum berlinischen Geiste umbrücken will, wie würden dann erst in ganz Deutschland beständig undämpfbare Empörungen entbrennen! Denn ein paar einzelnen willkürlich herrschenden Leuten oder den Launen und dem Wunsche einer einzelnen Stadt sich preiszugeben, widerstreitet aller Geschichte und allem Geiste der Deutschen; auch haben sie ja eine solche Entwürdigung in keiner Weise verdient, da alle die deutschen Stämme und Länder sich an Tapferkeit, an Rechtsliebe, an Aufopferung für das große Vaterland immer gleich standen und nur der edle Wetteifer gleichberechtigter und gleich selbständiger Glieder des großen Vaterlandes Alles unter ihnen Herrliche bis jetzt vollendet hat und weiter vollenden muß. Gesetzt aber auch Deutschland würde ganz so von Berlin wie Frankreich von Paris abhängig, so würden diese beiden Reiche ebenso wenig neben einander bestehen, wie jemals zwei kriegerische Reiche dicht neben einander bestehen können, und Preußen müßte Frankreich erobern, wenn es nicht selbst durch eine Umarmung Frankreichs und Rußlands erdrückt werden wollte. Nur ein freier deutscher Bund wie er war und wie er verbessert wieder hergestellt werden muß, mächtig aber befriedigt und ruhig in sich selbst, sichert die Ruhe und die Wohlfahrt Europa's.

Und dann bedenket, daß Preußen nicht erst jetzt dies unbeschreibliche Elend über Deutschland im Namen Deutschlands gebracht hat und mit weiterem schwanger geht, sondern schon seit 1740 der stärkste Antrieb zur Zerstörung deutscher Einheit, Kraft und Ehre geworden ist und an einem Grundfehler leidet, der noch weiter zurückreicht. Dieser Grundfehler ist die Erstickung des königlichen Sinnes, von oben ausgehend und allmälig immer tiefer nach unten sich verbreitend. Schon mit dem sogenannten großen Churfürsten hebt die Selbstsucht an das schlagende Herz dieses deutschen Fürstenthumes zu sein, die Selbstsucht und Eigenmacht zunächst gegenüber dem Deutschen Reiche, die aber folgerichtig sogleich auch gegen die eigenen Unterthanen sich kehrt und ihre wesentlichen deutschen Rechte vernichtet. Werden aber diese vernichtet, so sucht der Unterthan sich für das Verlorene und in seiner Art Unersetzliche gerne auch dadurch zu entschädigen, daß er an den Früchten der Selbstsucht, welche er oben blühen sieht, seinen Antheil begehrt: und der königliche Sinn wird auch nach unten immer unwiderstehlicher erstickt, auch wenn ein solcher Unterthan die tiefste Demuth gegen den Herrn erheuchelt und lange den stummsten Gehorsam leistet. War so nach oben und unten nur noch der Schein des königlichen Sinnes übrig, so trat unter Friedrich II. alsbald dasselbe ein was 100 Jahre früher bei den Franzosen aus gleichen Ursachen erfolgte: die Selbstsucht muß sich nach außen werfen um weiter bestehen und fortschreiten zu können; nur mußte sie hier zur Entfremdung und zum Hasse vorzüglich gegen die eigenen deutschen Brüder werden, weil sie sich gegen diese am leichtesten rüsten und regen konnte, heute zufällig gegen Oesterreich, morgen gegen Sachsen, übermorgen gegen Hannover, während sie dabei nirgends die Hülfe der Fremden entbehren kann, heute der Franzosen, morgen der Russen oder auch der Türken, übermorgen der Italiener und der Ungarn und Slaven. Weil aber Selbstsucht, Haß gegen Brüder, Verletzung des zehnten Gebotes und von diesem aus leicht aller übrigen und andere Anzeichen des unköniglichen Sinnes wenigstens unter Christen nicht gerne so ganz nackt erscheinen mögen, so hüllt sich das alles in allerlei guten Schein und in leuchtende Tagesfarben, wie lange die eine oder die andere vorhalten mag. Man rühmt sich das evangelische Christenthum schützen zu wollen, ja es allein schützen zu können: während König Friedrich II. gar kein Christenthum weder für sich haben wollte, noch seinen Unterthanen durch den eigenen Vorgang empfahl*), eher die Jesuiten begünstigte und für spätere Zeiten aufs schönste aufbewahrte, als sie im ganzen gebildeten Europa für ewige Zeiten vertilgt werden sollten, und während heute ein päpstlicher Nuntius wenn auch vorläufig ohne diesen Namen in Berlin eingesetzt wird. Man führt die Union der beiden evangelischen Bekenntnisse ein, da sie ja wohl bei vielen einen guten Klang hat und sich Vieles für sie sagen läßt, verdirbt sie aber von Anfang an, schon von den Zeiten des sogen. großen Churfürsten her Zwang zu Hülfe nehmend, weil die dem Christenthume und der Kirche ganz ferne liegenden besonderen Regierungsabsichten, welche man mit ihr hat doch am Ende immer wieder allein durchschlagen.**) Man rühmt sich laut den besten Volksunterricht zu haben, macht die Schule in der That immer mehr nur zu einer Abrichtung der Geister, befördert durch sie statt des christlichen und neben diesem des deutschen nur den einseitigen preußischen Geist und will mit dieser Schule nun unsere eignen weit besseren verderben. Denn

---

*) Welche höhnende Verachtung aller wahren Religion und ihrer unersetzlichen Bedeutung liegt nicht schon in seiner bekannten Façonredensart, wie viel hat sie geschadet und wie wird sie heute wieder die Triebfeder für alles Denken und Handeln Unzähliger in Deutschland!

**) Der Berlinische Oberkirchenrath sollte doch längst die wahren Gebrechen der Preußischen Union richtig erforscht und ausgemerzt haben! aber statt dessen hält er sich berufen, sie zu erhalten und nun auch über uns auszubreiten.

es ist folgerichtig daß auch alle die großen geistigen und sonstigen Gewalten und Thätigkeiten des Reiches, Gericht, Unterricht, Wissenschaft immer mehr in den Dienst des verkehrten Grundgedankens treten müssen, wenn dieser sich erhalten will. Der Beförderung der Wissenschaft sich zu rühmen, liegt heute in der Europäischen Luft: aber die berlinische Akademie ist jetzt längst vorzüglich auch zu einer obersten Anstalt des Lobes der Preußischen Zerstörung Deutschlands geworden*); und wie würde Leibniz, dieser bei aller Weite seines Blickes und seines Strebens doch vor allem ächt deutsche Mann, heute auflebend die züchtigen, welche jährlich sein Andenken zu erneuen für ihre Pflicht halten! Heute weiß der Bonapartische Hegel durch eine der Wechselfarben des Preußischen Gewandes die Deutschen Geister zu verführen, morgen Hengstenberg durch eine andere, und Jeder von ihnen gilt Jahrzehnte hinburch als Regierungsmann. Nachdem das alte Deutsche Reich vorzüglich durch Preußens Schuld gänzlich zerfallen und der nach zwanzigjährigen tiefsten Leiden durch die Blutströme der besten Jugend aller Deutschen Stämme ermöglichte Deutsche Bund es ersezt hat, ist Preußens Bestreben von Anfang an ihn lahmzulegen bemühet**), benuzt ihn vorzüglich nur

---

*) Wenn die öffentliche Rede eines der ausgezeichnetsten Akademikers behauptet die „deutsche Idee Preußens zog im letzten Siegesjahre auch die Widerstrebenden mit sich und verwandelte sie in Genossen", (Berlin, akademische Monatsschrift 1867, S. 466 f.), so weiß man nicht was unwahrer und heuchelnder sein kann. Meint man aber heutige Philologen und Philosophen seien wohl solcher Wortmacherei fähig, so hört man hier alsbald einen Naturforscher unter ähnlichen Anspielungen auf diese schöne und warme Gegenwart weitschweifig und ernstlich auseinandersetzen, wie Friedrich II. und Voltaire als zwei engverwandte Genien auf das Höchste zu verehren und zu preisen seien, (ebenda 1868, Januar). In der That, das fehlte noch! Worin diese beiden Geister übereinstimmen, haben wir übrigens längst gewußt.
**) Man beachte nur genau die oben Seite 27 bemerkten Stellen

zur hohen Polizei auch für sich selbst, und stiftet den Zoll=
verein welcher ihn langsam aufzulösen, vor allem aber
Oesterreich ganz auszuschließen bestimmt ist. Und weil man
bei alle dem unmöglich auf die Beistimmung und freie Mit=
wirkung aller der besten und selbstständigsten Deutschen rechnen
kann, so muß nach der einen Seite die reizende Aussicht auf
Theilnahme an der großen Deutschen Beute, nach der andern
Einschüchterung und Drohung das Werk begleiten; der Na=
tionalverein muß heute öffentlich verabscheut und morgen öffent=
lich als eine Stüze des Reiches begrüßt werden, und wie die
unzähligen übrigen Mittel dieser Art weiter sind: auch das
allgemeine Wahlrecht wird gegeben, wenn es heute nüzlich
scheint, ohne den Grundgedanken dieses Reiches zu ändern;
Mittel, welche das Christenthum als ein Säen auf das
Fleisch bezeichnet und in welchen nie ein göttlicher Segen ruhen
kann. Vollendet wird das Ganze durch die Zuspizung zu
einem beständigen reinen Kriegsreiche, aber auch durch die
Wälsche Kunst im Mißbrauchen der Deutschen Rede, anhebend
mit dem Worte Deutsch selbst, im halben Reden und halben
Schweigen, im Versprechen und Anreizen und im Abläugnen
und Abwiegeln: und doch reichten aller Scharfsinn und alle
Kunst nicht hin, um Friedrich II. im siebenjährigen Kriege
nicht bis an den Rand des Abgrundes und das Mitsichführen
von Gift für den gefürchteten Fall zu bringen, um 20 Jahre
nach seinem Tode nicht nach Jena zu kommen, und 1848 das
völlige Versagen aller Kraft des Kriegs und der Beamtenwelt
nicht zu erfahren.

Und beachtet dabei noch welche Fortschritte zur Zerstörung
Deutschlands der starre Gedanke Preußens macht. Wenn Frie=
drich II. 1740 Schlesien überfiel, so war das Gelingen davon
zwar schon vollkommen der unheilvolle Anfang zur Auflösung
aller deutschen Einheit und Macht: allein man konnte sagen,

dadurch sei wenigstens die Unterdrückung der evangelischen Christen in Schlesien aufgehoben, nachdem dieselben 30 Jahre früher sogar den friedlich durchziehenden Schwedischen König Carl XII. fußfällig um seinen Schutz angefleht hatten. Zwar war was Friedrich II. hierin that, so halb und so zweideutig als möglich; er half keineswegs allen gerechten Beschwerden der Evangelischen in Schlesien ab; noch jetzt ist auf Gustav-Adolf-Tagen darüber bitter geklagt; und später begünstigte er selbst die Jesuiten. Allein man konnte doch sagen einigen alten Bedrängnissen sei hier abgeholfen und einige Ungleichheit der öffentlichen Rechte sei, wenn auch ohne den darauf gerichteten Willen der Preußischen Herrschaft aufgehoben. Was aber ist gegen jenen schlesischen Einfall der Umsturz aller deutschen Dinge und der Raub des Jahres 1866? woher ist für diesen auch nur ein Vorwand zu nehmen? oder welche auch nur scheinbar verletzten Rechte sind durch ihn hergestellt? und welches unabsehbar weiter greifende Verderben ist nicht durch ihn ohne alle Ursache angestiftet? So schreitet die Verwüstung fort, welche ein einziger im innersten Herzen eines Reiches großgezogener und noch nie gründlich entfernter falscher Gedanke anrichtet.

Doch wie wäre es möglich dies alles hier im einzelnen zu verfolgen.*) Um so deutlicher kann schon nach diesen Grundzügen der Verhältnisse der Deutschen Dinge wie sie jetzt liegen einem Jedem von Euch einleuchten was gegenwärtig seine

---

*) Die Berlinischen Geschichtsverdreher haben sich zwar längst abgemühet die Wahrheit über Preußen den Augen des deutschen Volkes zu entziehen; und das Entsetzliche geschieht, daß die Wissenschaft der Geschichte, welche am Ende zum Nutzen für Jedermann allein die geschichtliche Wahrheit schützen sollte, in den Dienst einer Partei tritt, welche eben diese Wahrheit nicht verträgt. Allein die Preußische Geschichtsverfälschung wird ebensowenig Bestand haben wie die ihr ganz ähnliche Päpstliche.

Pflicht sei, wenn er die Fortschritte dieses deutschen Verderbens nicht befördern will.

Vor allem, seiet wirklich Deutsche, wie ihr das sein wollt und es bis jetzt dennoch gar nicht waret, wenn dieses Wort seinen wahren Sinn behalten soll. Weiset das frevelhafte Spiel mit diesem hohen Namen von euch), welches man unter euch jetzt mit ihm treibt; und wie ihr euch überhaupt gewöhnen müßt die Unmenge schiefer Gedanken und elender Witze, welche unter euch alles gesunde Denken und heilsame Reden überwuchern mit deutscher Gründlichkeit auszurotten, so bedenket vor allem stets mit keuschem Sinne was ihr dann saget wenn ihr saget ihr wollet Deutsche sein für deutsches Wohl sorgen u. s. w. Hat eure Versicherung ihr seiet Deutsche und wollet nicht den Untergang Deutschlands irgend einen Sinn, so habt ihr eben damit schon alles ohne Ausnahme verdammt was bei euch den 15. Juni 1866 herbeiführte und was seitdem von euch unsägliches gegen Deutschland gethan ist. Ist es denn nicht das allererste und selbstverständlichste, daß ein Volk nicht gegen sich selbst Verrath übt, nicht sich selbst untreu wird, nicht sich selbst zerreißt und den Fremden preisgibt? und was verdient jedes Glied eines Volkes, welches auch nur an seinem Namen frevelt? Der Name ist hier die Hoheit oder Majestät selbst, und wehe dem Deutschen der nicht mehr an eine Majestät des deutschen Volkes in allen seinen Gliedern glaubt: so muß ihm auch die Majestät jedes deutschen Königs ein leerer Schall sein.

Wollt ihr aber Deutsche sein, so müßt ihr jenen falschen Grundtrieb und Grundgedanken aufgeben, welcher seit 200 Jahren die Seele eines Preußischen Staates, aber das Grundverderben des deutschen Volkes und Reiches geworden ist. Was befugt euch die übrigen Deutschen als eine Art geringerer Wesen, ja als ein bloßes Gebiet eurer Zerstörungslust und Beutegier zu betrachten? wo h... irgend ein deutscher Stamm so entartet geworden um dies unerträglichste zu ertragen? oder wo hätte er an Deutschland Verrath geübt um es zu verdienen? Vielmehr seiet nur ihr infolge jenes falschen Grundtriebes in der deutschen Bildung und Wissenschaft ebenso wie in der Opferlust für die Ehre, Herrlichkeit und Freiheit Deutschlands immer weiter zurückgeblieben, und habt dieses Gift der Selbsucht und Zerstörungslust in das deutsche Volk geworfen, an welchem es sterben muß wenn es sein Feuer nicht noch zeitig ausstößt.

Wollt ihr aber euch von diesem tödtlichen Grundtriebe gründlich befreien, so müßt ihr erst jenen wahrhaft königlichen Sinn euch wieder erwerben, welcher euch abhanden gekommen ist; und anstatt euch zu vorgeblichen Beschützern des evangelischen Christenthums aufzuwerfen, bewähret vielmehr nur wirklich christlichen Sinn! Der Streit zwischen evangelischem und päpstlichem Christenthum muß auf einem ganz-anderen Wege und mit ganz anderen Mitteln beigelegt werden; und das wird leicht sein, wenn sich nichts fremdes einmischt: wer aber das evangelische Christenthum mit dem Grundtriebe des Preußischen Staates vermischt und es durch diesen beschützen will, der wird vielmehr sein ärgster Feind und Vertilger.

Ich traf 1857 mit einem Manne zusammen, welcher die heutigen europäischen Begehrnisse und Schwindeleien am besten kannte: Oesterreich welches in den europäischen Schwindel auch jetzt ebenso wie 1791—1812 nicht einstimmen wollte, wurde schon damals mit der äußersten Schamlosigkeit (versteht sich zunächst nur unter den Eingeweihten) für ein Land gehalten das man nur zu beschwindeln und zu zerstückeln brauche um alle die eignen Gelüste zu befriedigen; die Sache wurde schon als selbstverständlich vorausgesetzt, wie sie zwei Jahre später wirklich vor aller Welt begonnen wurde. Man wagte damals noch nicht von ganz Deutschland zu reden; und daß Preußen ein Mitkämpfer dieser Begehrnisse sein würde, schien damals noch schwer zu denken. Nun ist durch eure Schuld das damals für jeden besseren Sinn noch unglaubliche geschehen und weiteres der Art drohet: wie könnt ihr meinen solche Thaten würden nicht gerächt werden und das ewige Gesetz der göttlichen Weltherrschaft werde bei euch eine Ausnahme machen? Wißt ihr nicht, daß unter allen den 50 Millionen Deutschen in- und außerhalb des rechtlich auch heute noch nicht aufgehobenen Deutschen Bundes, alle die irgend sachkundigen, unabhängigen und freigesinnten das frevelhafte Beginnen des Jahres 1866 und das darauf gebaute Werk vom tiefsten Grunde ihrer Seele aus verwerfen, daß der Tod, der Schrecken, die Seufzer, die lauten oder stillen Verwünschungen unzähliger Deutschen an diesem Werke kleben? Nur weil ich nicht euer Verderben wünsche, habe ich diese Worte an euch gerichtet, am nächsten auch an eure Volksvertreter. Denn daß die berlinischen Volksvertreter eine vorzügliche Schuld tragen ist unläugbar. Wer von den älteren Lebenden erinnert sich nicht wie man einst in Deutschland ein großes Heil von dem Augenblicke erwartete wo auch Preußen ebenso wie längst die meisten übrigen deutschen Länder seine Volksvertreter haben werde? Sie sind nun seit zwanzig Jahren gekommen, aber haben sich seit dem 15. Juni 1866 mit den bekannten sehr wenigen Ausnahmen ärger gezeigt als die entartetsten römischen Tribunen und Senatoren; aber ihre Mehrheit wies auch schon vor jenem schwarzen Tage mit seiner blutrothen Nacht die mit raschen Schritten herankommenden Gräuel nicht zurück.

Die alten Völker hatten das gesunde Gefühl, jedes schwere Vergehen, welches auf einem Volke noch ungesühnt liege, müsse mit der äußersten Scheu und Sorgfalt wie ein Blutflecken abgewischt und wie aus den Augen getilgt werden; und die mühsamsten und umständlichsten Opfer und andere Reinigungen wurden in solchen Fällen angewandt. Bei uns kann eine wahre christliche Reue und Besserung hinreichen*): aber wehe wo diese fehlt und absichtlich verworfen wird! Das große Vergehen, welches wie eine ungesühnte Schuld auf Deutschland lastet, ist, daß es der reinen Willkür und Laune von ein paar Berlinern im Zusammentreffen mit dem noch einmal alles überwuchernden Grundübel dieses einzelnen Deutschen Bundesgliedes gelang, alles Deutsche Recht und Leben zu zerschlagen und dieses unbeschreibliche Elend zu stiften, in welchem Deutschland jetzt liegt. Wird dieses Elend nicht auf die rechte Art gehoben, und diese Schuld, dergleichen keine einzige in aller Deutschen Geschichte da war, nicht richtig gesühnt, so muß Deutsches Reich und Deutsches Volk untergehen. Aber die Erhebung des Preußischen Volkes 1813, deren man sich in Berlin rühmt, war ja schon einmal rein Deutsch, ging nicht im Mindesten aus dem damals so gut wie vergessenen Geiste Königs Friedrich II. hervor, und kam gegen den Willen des ererbten Preußischen Sondergedankens, ja ursprünglich gegen den der damaligen Herrschaft. Nachdem nun jetzt der 15. Juni 1866 das letzte Geheimniß des Preußischen Gedankens vor aller Welt endlich vollkommen verrathen hat, ist seine Herrschaft in der That schon gebrochen: aber erst wenn er gänzlich vernichtet sein wird, kann ein neues Reich Deutscher Einheit, Macht und Herrlichkeit erstehen. Eure Deutsche Pflicht ist es, dahin zu wirken, daß dieser letzte Feind eines des Deutschen Volkes und seiner Fürsten würdigen Deutschlands, der wohl noch einmal losbrechen mußte um sich ganz zu enthüllen, eben

---

*) Dies zugleich als Antwort (wenn es überhaupt einer solchen bedürfte) auf das, was die Zeitung des Berliner Oberkirchenraths über mein Schriftchen vom Anfange dieses Jahres zu sagen w. z. Man sieht daraus nur daß diese Zeitung christlichen Sinn weder selbst hat noch ihn da zu finden weiß wo er ist, wohl aber ihm das Gegentheil unterschiebt.

von jetzt an völlig vernichtet werde: dies ist eure eigenste und nächste Pflicht, und mit ihr werdet ihr sühnen was zu sühnen ist.

Nachschrift.

Wie ich dem Schriftchen vom Anfange dieses Jahres seinen zweiten Gang durch die Welt nicht mißgönnte, so mag auch dieses jetzt zum zweiten Male in die deutschen Gauen ausgehen, da ihm noch immer nachgefragt wird. Ist es doch nur eine Ergänzung des ersteren, und gewiß auch von allen guten Lesern nur so aufgefaßt. Auch die Haltung und Miene in welcher es erscheint, werden diese Leser nur als dieselbe wiedererkannt haben in welcher jenes einherging. Wenn nun jenes in voller Ruhe die Norddeutschen Länder durchwanderte (denn daß es sogleich an der Grenze in Frankfurt verboten und in der heutigen Hannoverischen Zeitung mit vielen sinnlosen Worten angebellt wurde, hat in den jezigen Zeiten wol nicht viel zu bedeuten), so hatte ich ein Recht zu erwarten, auch dieses ganz ähnliche Schriftchen werde überall mit derjenigen Ruhe und Besonnenheit gelesen und beurtheilt werden, auf welche sein Inhalt die billigsten Ansprüche hat.

Ich bin aber jetzt hinreichend veranlaßt den langen Aufsaz über dies Schriftchen zu berücksichtigen welchen die bekannte Norddeutsche Allgemeine Zeitung vom 8. Oktober an ihrer Spize bringt. Man weiß von welcher Art und Farbe diese Zeitung ist; man begreift also auch, daß wenn irgend eine Zeitung mein Schriftchen widerlegen wollte, diese es ganz besonders gründlich thun mußte. Allein was geschieht? Nicht einmal der Versuch einer Widerlegung wird hier gemacht; vielmehr giebt der ganze lange Aufsatz nichts als eine Anklage und Anzeige daß ich für — ich weiß nicht welche öffentliche Strafe reif sei. Diese Anklage stützt sich (um die übrigen eiteln Worte hier zu übergehen) auf nichts als

1) eine Reihe von Auszügen aus dem bloßen Ende des Schriftchens, als ob dieses Ende willkürlich abgerissen werden könnte, oder als ob jemand von einem Kunstwerke (und wenigstens ein kleines Kunstwerk soll auch das geringste Schriftchen sein!) irgend ein Glied welches nur seinem Eigensinne mißfällt, abschlagen, entstellen und zerstampfen wollte! Denn der Sinn sogar dieser willkürlichen Auszüge wird entstellt, wie jedermann beim Vergleichen leicht findet. — Weiter stützt sich die Anklage

2) auf den sittlichen Vorwurf ich sei undankbar weil ich öffentlich nicht schweigen wolle, trotzdem daß mir mein Gehalt gelassen und die Erlaubniß Vorlesungen zu halten neu gegeben sei. Welche mehr als unzarte Gedanken in einem solchen von jener Seite ewig wiederholten Vorwurf liegen, will man also noch immer nicht fühlen. Ich soll meinen ich sei ein junger Anfänger welchem man eine solche Erlaubniß erst geben müßte, und die rechtlose Unterjochung eines deutschen Bundeslandes durch verbündete Deutsche reiße sogar alle die rechtmäßigen Güter jedes einzelnen Mannes nieder, welche an seinem Amte kleben! Der Deutsche soll dafür dankbar sein daß ihm von „deutschen Brüdern", er weiß nicht warum, nicht sofort alles, sondern vielleicht vorläufig nur dies und das geraubt wird! Und man weiß in Berlin nicht was einem Christen und einem ächten Deutschen alle die äußeren Güter sein sollen? Allerdings hat man andern welche ebenso wie ich den geforderten Eid nicht zu leisten vermochten, nicht bloß wie mir Amt Würde und einen Theil des rechtmäßigen Einkommens sondern sogleich alles äußere Gut der Art genommen und sie damit

im besten Falle auszuwandern gezwungen*): allein nur Leute welchen das Geld das höchste Gut ist, können darin einen wesentlichen Unterschied sehen. Wird mir doch nun in der Berlinischen N. A. Z. der weise Rath gegeben ich hätte besser aus dem Lande ganz weggehen sollen! Für Geld (sei es viel oder wenig) und für die wunderbar neue Erlaubniß Vorlesungen halten zu dürfen soll ich öffentlich schweigen und nicht mehr lehren was ich seit 46 Jahren in drei deutschen Ländern immer lehrte! — Allein weil die Anklage wohl fühlt wie gebrechlich alle diese ihre Stützen sind, beruft sie sich zum schönen Schlusse 3) auf etwas von einem Hallischen Professor der Theologie namens Hupfeld 1855 über mich gesagte. Aber was dieser sagte, ist nicht durch politische sondern durch rein gelehrte Fragen veranlaßt, gehört also nicht entfernt hieher. Dazu ist es an sich grundlos, und längst am rechten Orte von mir widerlegt; auch sind es keine Freunde jenes vielleicht zu seinem Glücke schon vor dem 15. Juni 1866 verstorbenen Mannes, welche jetzt an seine den Sachverständigen bekannten schweren wissenschaftlichen Vergehen erinnern. Und was soll man noch weiter dazu sagen, daß auch dieser Vorwurf ebenso wie der vorige schon früher in Berlinischen Zeitungen auf gleiche Veranlassung hin mir gemacht ist! So armselig muß man auf diesem weiten Felde ein paar dürre Stoppeln zusammenlesen, und so sicher zeigt sich daß man dennoch nicht das mindeste finden kann um mein Schriftchen zu widerlegen!

Könnte man Wissenschaft und Wahrheit durch gezogene Kanonen niederschießen, oder ein lauteres in sich klares Gewissen mit eiteln Drohungen zuschnüren, so wäre jener Aufsaz der N. A. Z. zu Berlin ganz zweckdienlich. So lange das

---

*) Wie den völlig untadeligen vortrefflichen Pastor Schraber in Kiel; man lese sein Schriftchen Der politische Eid, Kiel 1868.

aber nicht geht, hoffe ich sicher daß es auch außer mir genug Freunde dessen geben wird was ich in diesem Schriftchen beweisen wollte. Die Wahrheit kann zeitig durch der Menschen Schuld schwer eingeengt und tausendfach bedrohet, vernichtet kann sie nicht werden; und sollen die deutschen Universitäten zu ihrer Förderung nicht mitwirken, so schließe man sie lieber.

13. Ottober 1868.